LABIRINTO CHACRAS

O Labirinto da Catedral de Chartres (França) é o mais famoso de todos, por sua história e por todo o seu simbolismo. São 22 voltas no total, sendo 11 no lado direito e 11 no lado esquerdo. Na época medieval os peregrinos faziam uma parada em Chartres, em direção a Santiago de Compostela, para meditar nesse labirinto. No centro, na flor de seis pétalas, oravam o pai-nosso em busca da resposta – se iam por um bom caminho.

A luz, quando chega, invade nossos poros, penetrando nossa matéria, codificando uma nova informação. Para isso é preciso fazer uma faxina completa nos pensamentos, sentimentos, moléculas, partículas e elétrons. Compreenda sua transformação e seja um emissor de luz. Faça o percurso desse labirinto até o centro, dedicando um tempo em cada desenho para que a limpeza se produza.

LABIRINTO DE SOLOVKI

O Labirinto de Solovki fica em um pequeno arquipélago localizado no Mar Branco, no extremo norte da Rússia, próximo ao Círculo Polar Ártico. É conhecido como um santuário pagão, apesar de ter recebido no século XIV um complexo de monastérios construídos por monges peregrinos. Eles foram construídos por tribos finlandesas que acreditavam ser ali a fronteira final do mundo físico. Essas construções de 3.000 a.C. estão voltadas para o mar e compõem-se por anéis cujos raios chegam a medir 20 metros de extensão até a ponta mais distante. Os Labirintos de Solovki representam um arquétipo, uma ferramenta, uma marca divina deixada por nossos ancestrais que nos remetem à experiência da transformação interior.

Reflexão. É necessário mais do que esforço para ser feliz. São necessários focos e metas, porque não basta entrar no labirinto, é preciso chegar ao centro.

Tenha um plano, desenvolva melhor sua comunicação, controle seus estados emocionais, reinvente-se e, principalmente, conheça e estude a si mesmo. Trabalhe de maneira inteligente, viva mais, amplie sua qualidade de vida e seja feliz. **Comece hoje! Você pode construir um novo cenário para sua vida.** Quando aparecerem obstáculos no seu caminho, muitas vezes inevitáveis, não tenha medo – recrie através de novas ideias.

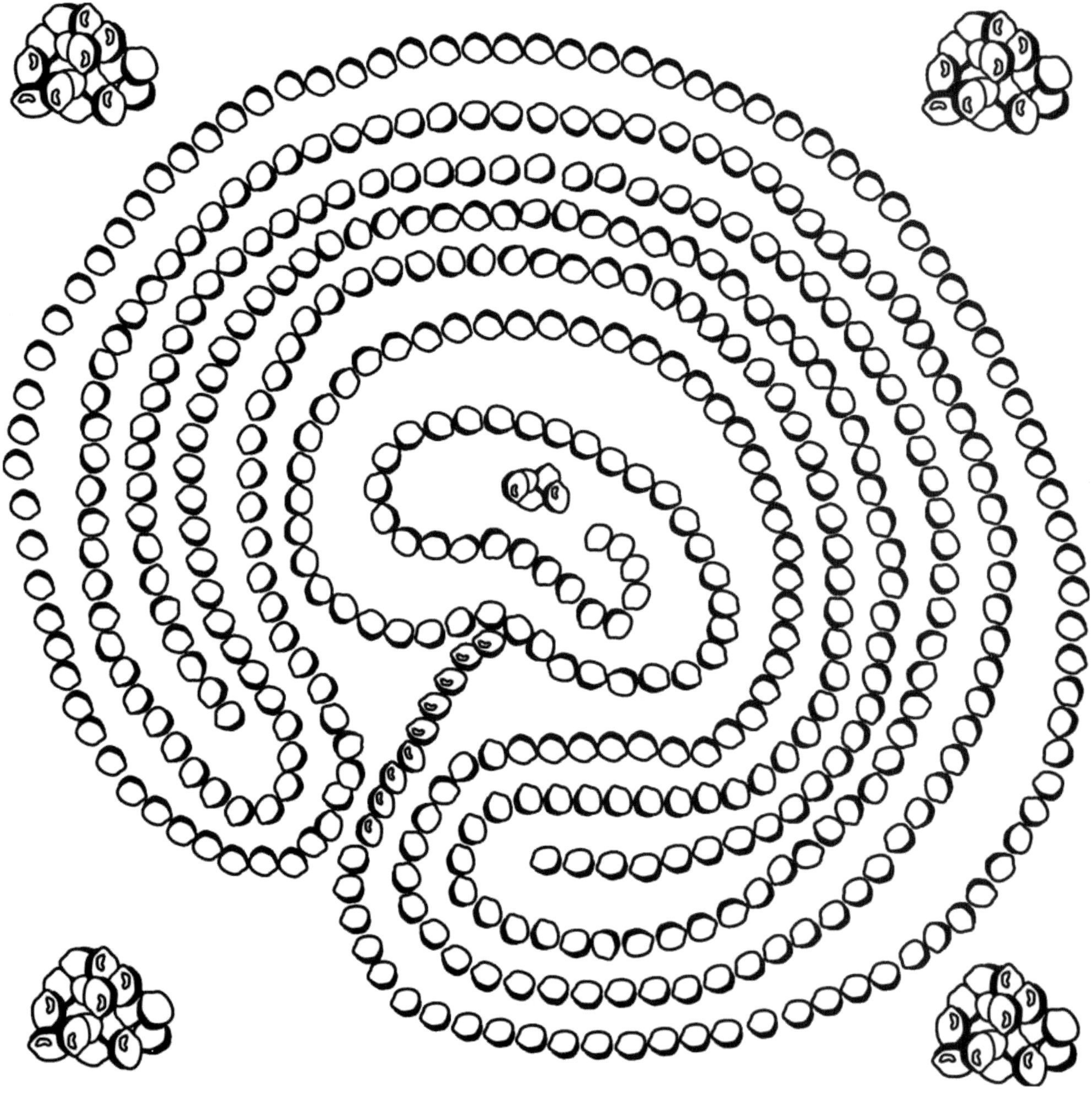

LABIRINTO
TESEU E O MINOTAURO

Aquele que penetra no labirinto pode ficar preso nele. Não existe nenhum desvio possível. Isso causa medo, porque não se sabe se é possível percorrer todo o caminho; tudo é incerto, a lógica ou o absurdo, o tudo ou o nada, o amor ou o monstro.

O caminho do Labirinto Teseu e o Minotauro é um convite para nosso renascimento. A porta de saída é aceitar a saída da própria escuridão. Aceite! Confie que você é capaz de enfrentar os medos durante o percurso – a grande transformação valerá a pena, pois será varrido o labirinto interior que estava confuso e sem vitalidade.

A limpeza interna trará luz, que será projetada na nova vida, na transmutação e no renascimento.

Boa jornada!

LABIRINTO STOLP

Em Stolp, Polônia, encontrava-se o maior labirinto de céspede já construído. Media 45 metros de diâmetro e tinha 19 galerias. A cada três anos havia uma grande celebração nesse local.

Somente aqueles que já percorreram alguma vez um labirinto sabem como é difícil caminhar sem nenhum tipo de orientação. Muitos estacionam na caminhada para evitar o medo das perdas e separações, que na maioria das vezes são inevitáveis. Esse é o despertamento. Seguir em frente, ultrapassar barreiras e fronteiras nos fortalece. Adentre o labirinto visualizando a realização de todos os projetos. Celebre a vida!

LABIRINTO
FIO DE ARIADNE

O caminho desse labirinto é percorrido através do Fio de Ariadne. Quando Teseu foi lutar contra o Minotauro, a princesa cretense ofereceu a ele um fio para que lhe servisse de guia, auxiliando-o a retornar à entrada do labirinto. O Fio de Ariadne simboliza também o amor, em que o homem deve reencontrar a mulher através de seus "atos heroicos" para consumar a união. O amor pode ser uma brincadeira de ciranda, em constante movimento. Não tenha medo de caminhar em direção ao centro, ao encontro de outra essência.

Percorra esse labirinto sentindo o amor através de seus olhos, de seu sorriso, de seu coração, de sua certeza, confiança e esperança. Antes de iniciar a jornada, toque seu coração com a mão esquerda, sobrepondo-a com a mão direita, e prepare-se para receber também a energia do amor.

LABIRINTO PEREGRINAÇÃO

Desde o século IX os Caminhos de Santiago são percorridos pelos peregrinos, cujo ponto de chegada é a cidade de Santiago de Compostela. Tem como símbolo uma concha, normalmente uma vieira, costume que já vinha do tempo em que os povos ancestrais peregrinavam a Finisterra.
Durante todo o percurso a Santiago de Compostela são vistas muitas conchas pelo caminho, nas janelas e portas das catedrais e também nos chapéus dos peregrinos, nos pescoços e nas varas. Esse percurso é conhecido como "Campo de Estrela" ou *Campus Stellae*.
É uma viagem solitária, longa, cansativa, mas encontrar as vieiras é necessário. Elas representam a água benta dos alquimistas. Não perca a atenção aos sinais do caminho.

LABIRINTO RUPESTRE LÍBIO

Essa imagem rupestre tem mais de 10 mil anos. Foi encontrada no Monte Tassili, no Saara líbio. Representa um touro com dupla espiral.
Esse símbolo evoca a mãe e o filho unidos pelo cordão umbilical.
É na força de iniciar uma nova jornada que enfrentamos a coragem de perceber os laços que nos amarram, impedindo nosso crescimento em busca de uma vida melhor através da espiritualidade e do caminho do autoconhecimento. Para querer que alguém siga nossa fé é preciso ser um exemplo vivo, inteiro, íntegro e leal a si mesmo. Nós ainda aprenderemos a fazer laços. Em nossa realidade vivemos amarrados por um amontoado de nós. Adentre o labirinto através da seta e perceba que nesse caminho surgem várias bifurcações e muitas possibilidades. É fácil encontrar a entrada, mas onde está a saída? Existe alguma?

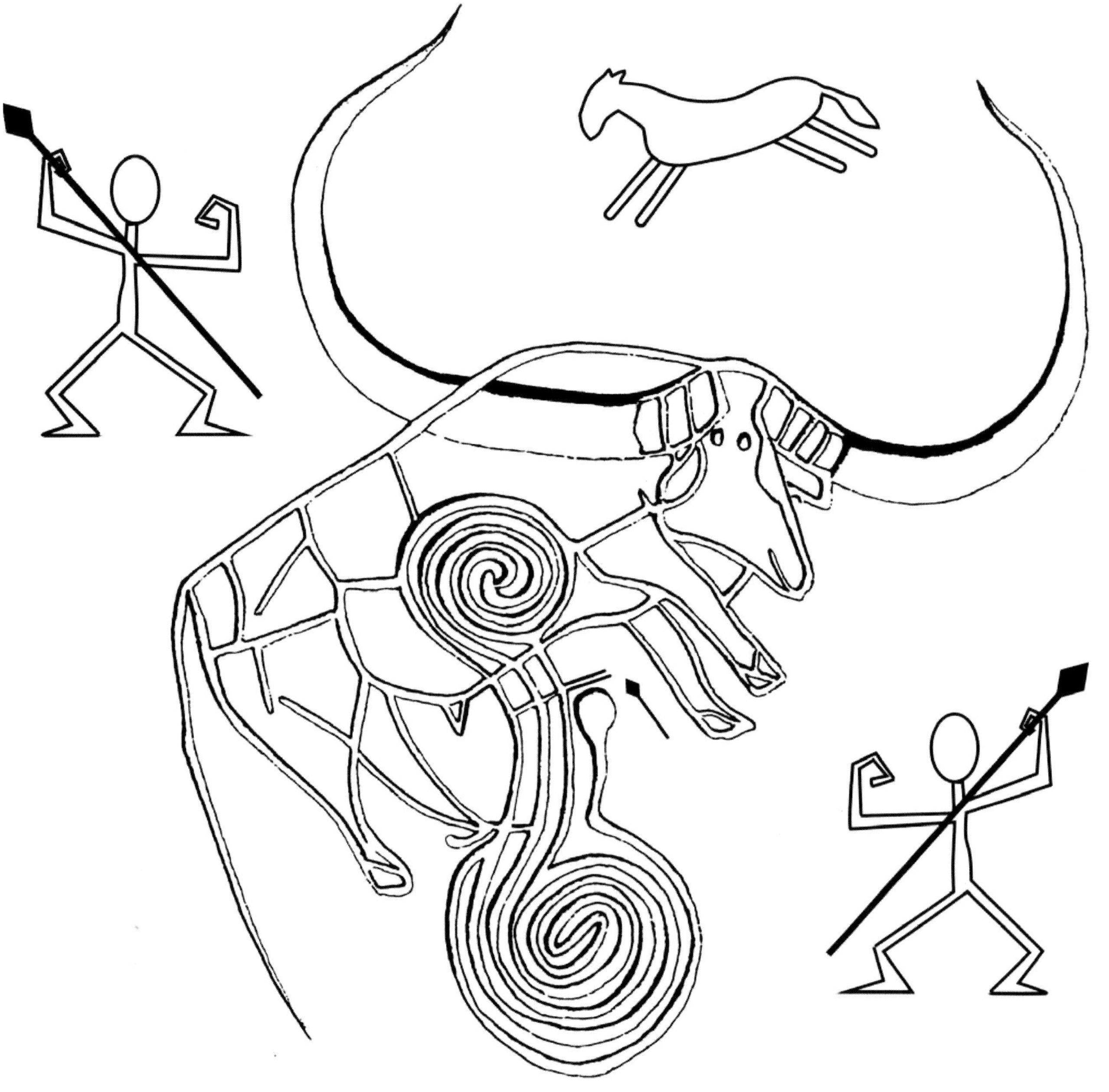

LABIRINTO STONEHENGE

Não tema liberar o instinto. Esteja aberto à poesia, à intuição, às vozes que não pertencem a você e às palavras vindas de outras dimensões. Aqui é Stonehenge – círculo sagrado dos druidas. Adentre com respeito e sinta como seus pensamentos se unem a uma extensão infinita de sentimentos – é a inesgotável força criadora. Deixe-se mover por forças ancestrais que pertencem a outras dimensões.

Stonehenge é um espaço de transformação, de movimento, de canto e de dança livre. Vá ao centro em busca de suas potencialidades.

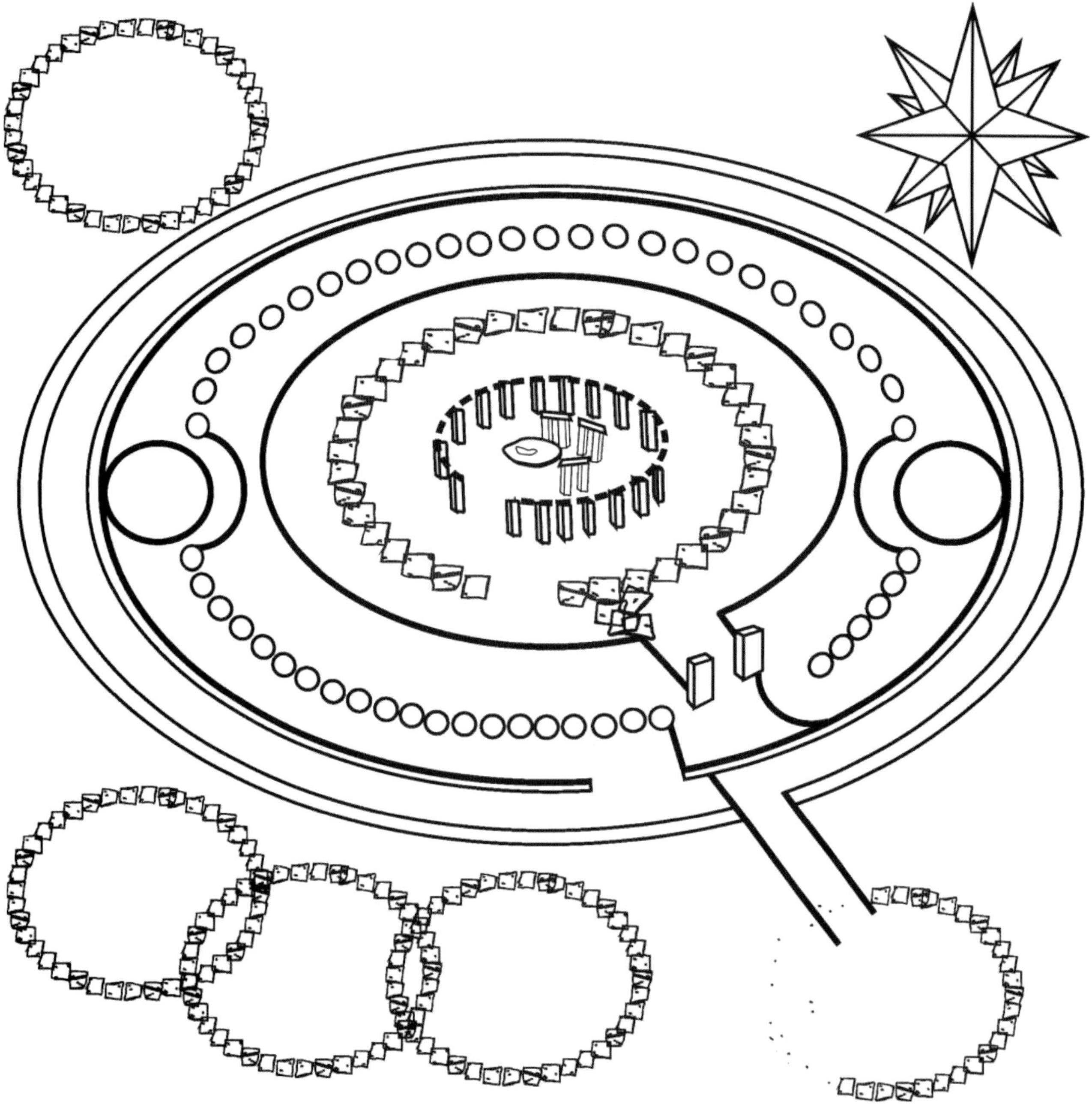

LABIRINTO
RUNAS

A arte tem um caminho, assim como a astúcia tem outro, mas é necessário encontrar em si mesmo a coragem e a fortaleza para iniciar uma jornada. Afinal, todos os caminhos acabam em você mesmo.

Esse labirinto nos oferece a sabedoria de Odin através das pedras das runas, que podem nos oferecer o autoconhecimento transformador. Não tenha pressa, porque toda caminhada, de forma espiralada, tem um movimento de desmaterialização, transmutando nossa base física, psíquica e espiritual.

As pedras sugerem e inspiram um significado que nos orienta, como conselheiros, e estimula nosso bem-estar e progresso. Escute o sussurrar da sabedoria.

LABIRINTO
SAGRADO FEMININO

Para superar os medos, reabilitar a saúde psicofísica, expandir a consciência da nossa verdadeira identidade e alcançar a real felicidade é preciso restabelecer as ligações ritual, arquetípica, cerimonial, psicológica, física e afetiva com os arquétipos do FEMININO, o cerne da alma feminina na sua belíssima constelação de deusas.

Emerge a deusa criativa de nossas profundezas. Seu coração bate calmo e saudável, alinhado com o amor que tudo cura. Suas águas trazem a cura para nossas feridas profundas. Quando adentrar o labirinto, procure se conectar com a fonte divina, despertando a deusa em seu coração.

Caminhe buscando dentro de si a criança feliz que se encanta com a simplicidade, a fim de encontrar os aprendizados que guiarão você para dentro das águas que comandam as emoções. Ela é o símbolo do feminino, associada à fertilidade. Então caminhe, sabendo que o mais belo aprendizado é saber fluir para ser feliz.

LABIRINTO PEDREGULHOS DA FINLÂNDIA

Depois de algumas jornadas encontramos um caminho de pedras. É mais um convite para vencer nossas emoções, ultrapassando o fosso de águas profundas e escuras. Passar o portal será nosso desafio, pois esse labirinto pede que estejamos libertos de quaisquer julgamentos. Mas como vencer a tirania da mente? A lei é clara: assim como é acima é embaixo, portanto, lembre-se de que existe um grande coração cósmico cuja energia é puro amor.

Tenha os pensamentos libertos, simplesmente conectando-se com o grande coração, e tenha certeza de que no centro do labirinto encontrará a coerência, a harmonia, a saúde e, principalmente, o equilíbrio emocional.

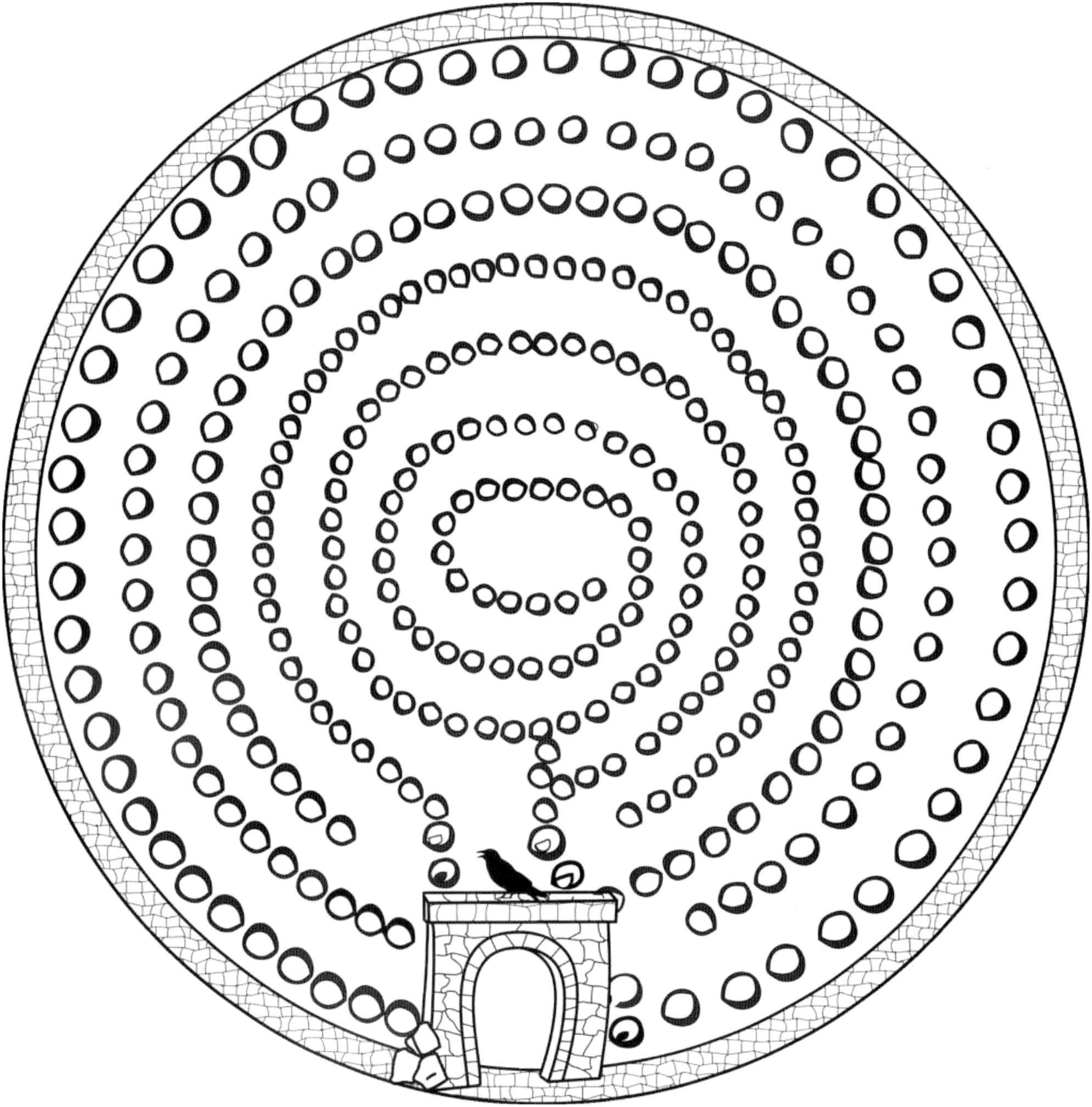

LABIRINTO ROMANO

A cultura romana desenvolveu esse tipo de labirinto, no qual é imprescindível atravessar um quarto do quadrado antes de adentrar o seguinte. Esse labirinto era muito utilizado nos mosaicos que decoravam banhos e vilas da alta sociedade. A maioria deles era decorada com representações do mito de Teseu e o Minotauro. Os romanos apreciavam os efeitos visuais. Quem observar com atenção poderá perceber os quadriláteros, triângulos e uma cruz.

Reflexão. É no planeta Terra que plantamos nosso alimento, nossos alicerces e também nossas decisões. O caminho, por vezes tortuoso, pode nos levar ao encontro de nossas raízes. É necessário seguir com firmeza ao encontro da liberdade, independência e generosidade. A terra é a nossa grande professora de prosperidade, fartura e benevolência. Renove seus pensamentos e sentimentos e siga a jornada com mais respeito, que a resposta no centro será o encontro do equilíbrio e da cura. Não fique na dualidade.

LABIRINTO POLÍGONO

É um labirinto que faz refletir sobre si mesmo, que coloca à prova o limite de resistência dos olhos. Qual é a fonte da nossa dualidade?

A luz se projeta no escuro para se fazer presente e poder entender a si mesma. Repare no exemplo do Sol, tempero da felicidade, que tem em suas chamas o poder natural do brilho imutável da própria vida. É a luz da paixão, da vitalidade e das motivações.

Esse é o momento. Penetre nessa ilusão de separação para se achar novamente. Essa é a magia do grande reencontro. Silencie sua voz e sinta o som do seu próprio verso.

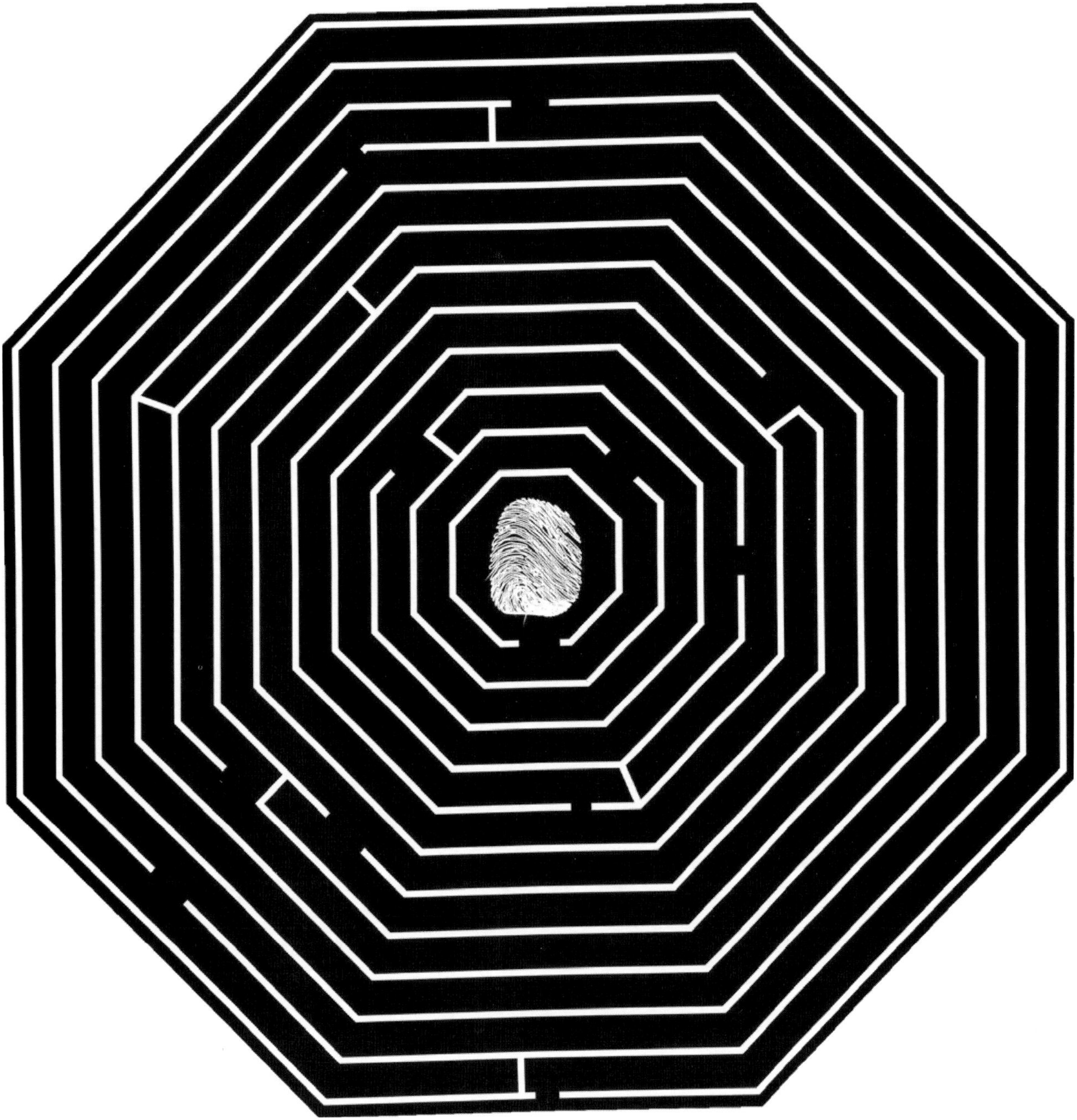

LABIRINTO POLÍGONO

É um labirinto que faz refletir sobre si mesmo, que coloca à prova o limite de resistência dos olhos. Qual é a fonte da nossa dualidade?

A luz se projeta no escuro para se fazer presente e poder entender a si mesma. Repare no exemplo do Sol, tempero da felicidade, que tem em suas chamas o poder natural do brilho imutável da própria vida. É a luz da paixão, da vitalidade e das motivações.

Esse é o momento. Penetre nessa ilusão de separação para se achar novamente. Essa é a magia do grande reencontro. Silencie sua voz e sinta o som do seu próprio verso.

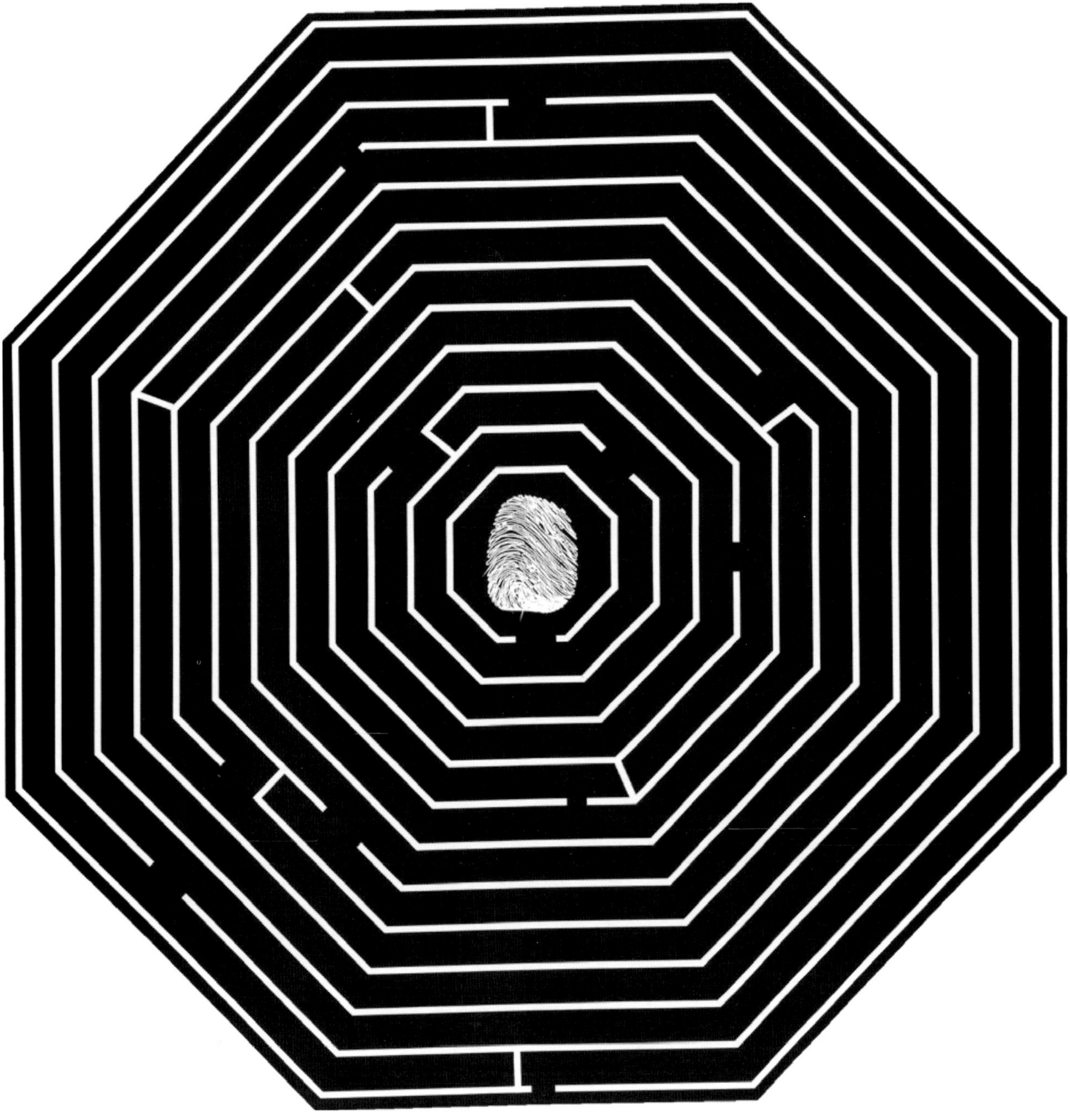

LABIRINTO SEMENTE

Acostume-se a se fixar no que deseja, assim descobrirá sua paixão. Talvez necessite caminhar mais ao sol, andar por caminhos de terra, sentir o solo com os pés, mas lembre-se de que o caminho não é uma linha reta. São círculos, ciclos e ondas interligados, que se conectam aos sentimentos, aos ciclos da vida e aos níveis de consciência. Estamos conectados com a mãe, com o corpo, com o medo, com a inércia e com o fluir. Somos o centro em movimento.

Todas essas energias convergem em nosso centro mais profundo, em nosso ponto de quietude. Ali existe algo mais disponível. É o aprendizado de estar presente e estar quieto.

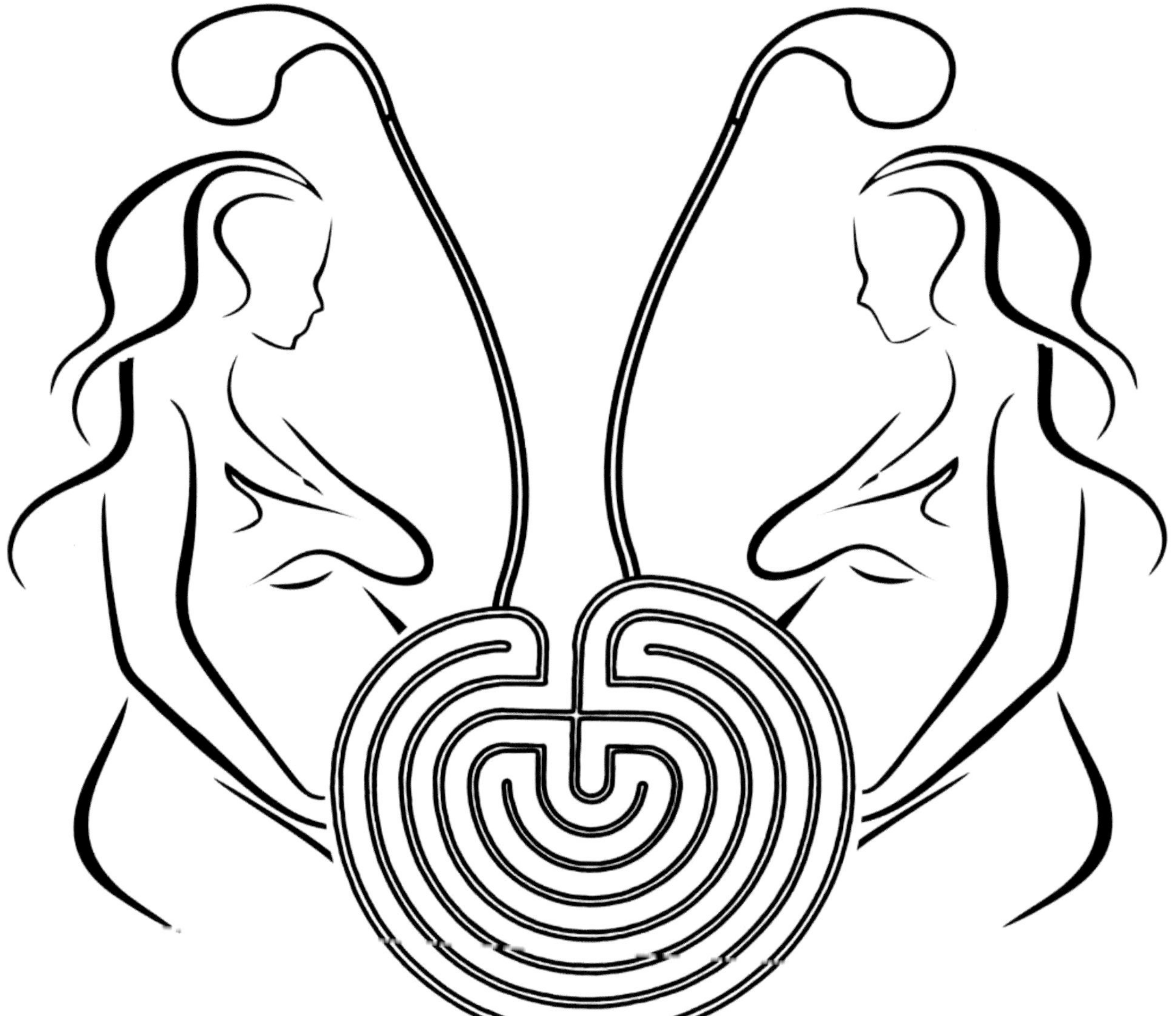

LABIRINTO CRETENSE OU CLÁSSICO

O Labirinto Cretense ou Clássico é o mais antigo que se conhece. Surgiu na área mediterrânea e, durante a Antiguidade, foi divulgado para todo o mundo. Foi pintado, gravado em pedra, em madeira e em moedas. A partir da história da prisão do Minotauro, um mítico monstro, metade touro e metade homem, o qual o herói grego Teseu venceu, o labirinto adquiriu um significado simbólico sobre reclusão e liberdade, a vida e a morte, o mundo subterrâneo e a salvação.

Reflita sobre o caminho escolhido e prossiga, trabalhando a bondade, a simplicidade e o companheirismo. Trabalhe o desapego, deixando nos potes sagrados tudo aquilo que não faça mais sentido, que traga desconforto ou medo. Permita que o novo chegue, que é livre de qualquer apego.

LABIRINTO
CHÃO DE PEDRAS

Será vencendo nossas batalhas interiores que conseguiremos vencer as guerras do mundo. A paz interior é alcançada dentro de cada ser humano. Durante essa jornada, dispa-se de todo sentimento de posse. Já percorremos muitos caminhos e, muitas vezes, por ego ou orgulho, demos voltas nos mesmos temas. Observe os sinais. Observe as flores do caminho. Toda pedra pode ser transmutada em cristal – você é uma pedra preciosa.

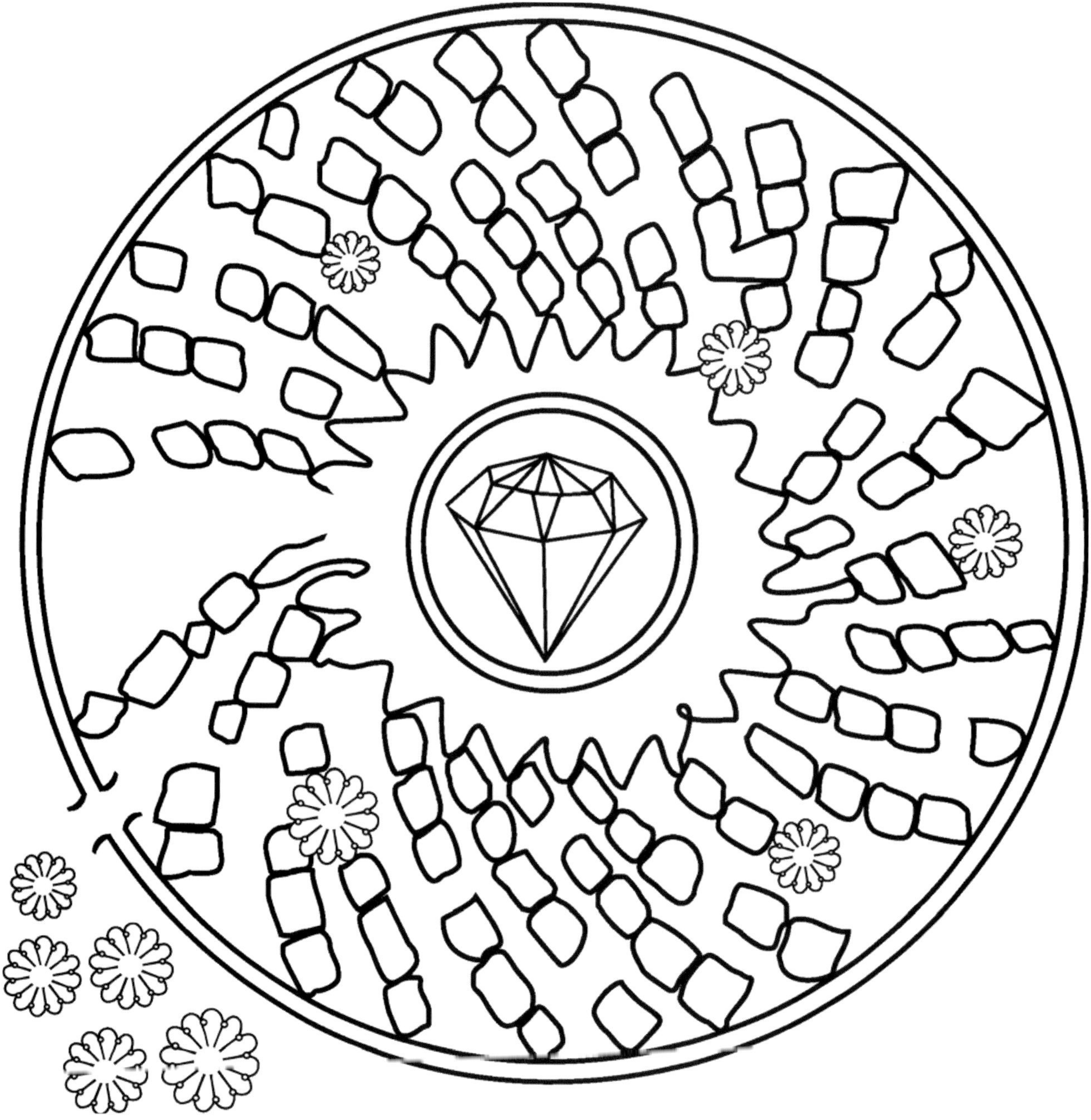

LABIRINTO CHARTRES

Esse labirinto se encontra no solo da Catedral de Chartres desde o ano de 1216. Ele tem uma forma perfeita e um simbolismo quase inesgotável, como, por exemplo, a flor de seis pétalas, que simboliza o pai-nosso. São 11 vias do lado direito e 11 vias do lado esquerdo, representando o número-mestre 22 do Grande Construtor.

A Catedral de Chartres é uma das igrejas mais belas e repletas de significados da Europa. Místicos a consideram um ponto privilegiado de concentração de energia, por ter sido erguida no alto de uma colina conhecida pelos druidas, os sacerdotes celtas, desde os tempos pré-cristãos. Católicos encontram nos escritos bíblicos explicações para a existência de inúmeros símbolos que não costumam ser associados ao cristianismo, como o vitral que mostra Jesus em meio aos 12 signos do Zodíaco – independentemente da crença, ninguém consegue negar seu fascínio e atmosfera de paz.

LABIRINTO INTRINCADO

O labirinto apresenta uma transformação durante o caminho. Percorrendo esse caminho, podemos avançar ou retroceder. Para alguns, a visão se abre através de *flashes*; para outros, através de *insights*. Enquanto nos movemos dentro do intrincado labirinto, a energia ao nosso entorno também gira, separada do instinto, mas prisioneira do cérebro.

Concentração e paciência serão necessárias nesse labirinto, evitando os atalhos. Respire. Inspire. Medite sobre quanto já alcançou na vida e quanto é necessário aprender, por exemplo. Ao alcançar o centro, permita-se o renascimento, pois a fonte de águas sagradas oferece cura, regeneração, fertilidade e sabedoria. Permitir tal profundidade é curar-se.

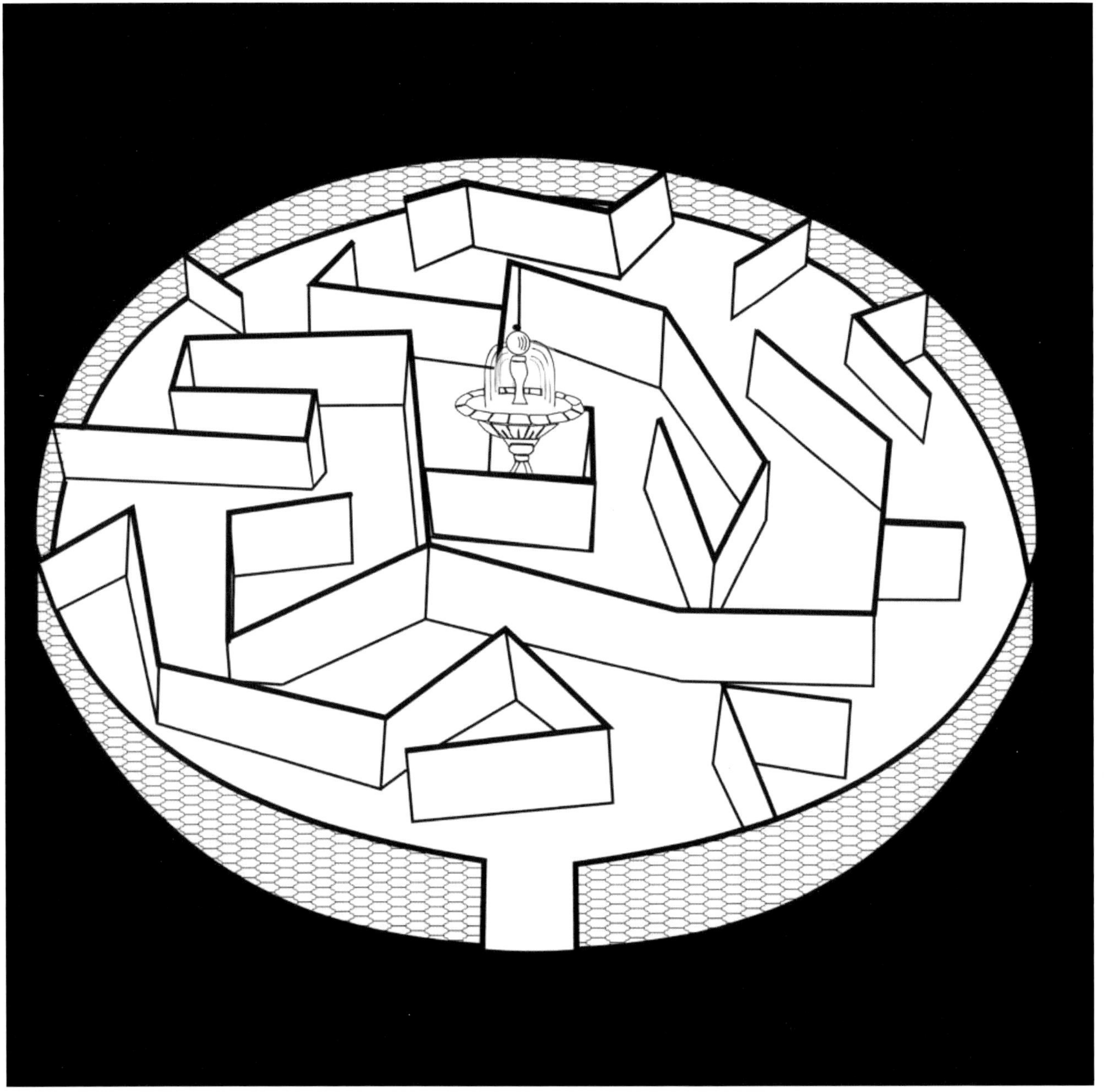

LABIRINTO MEDIEVAL

No reino do labirinto pode-se ver algumas batalhas com os exércitos do rei, mas o primeiro passo é vencer o medo, porque ele é contagiante e paralisante e só há duas forças que podem vencê-lo: a autoridade e a desesperação. Proponha a si mesmo que não pode voltar atrás e que, de agora em diante, nada e ninguém o obrigará a atuar contra seus desejos. Um cavaleiro tem um coração compassivo, generoso, alegre e livre do medo de amar e ser amado. Um cavaleiro conhece sua alma e compreende que jamais deve esquecê-la, pois nada arrancará seu amor. Compreende que tudo que incomoda também está em si e aprende a dominar a tirania da mente. O ego abre espaço ao espírito. Esse é o caminho da libertação, que, independente das adversidades, busca a luz que encontrará no centro do labirinto.

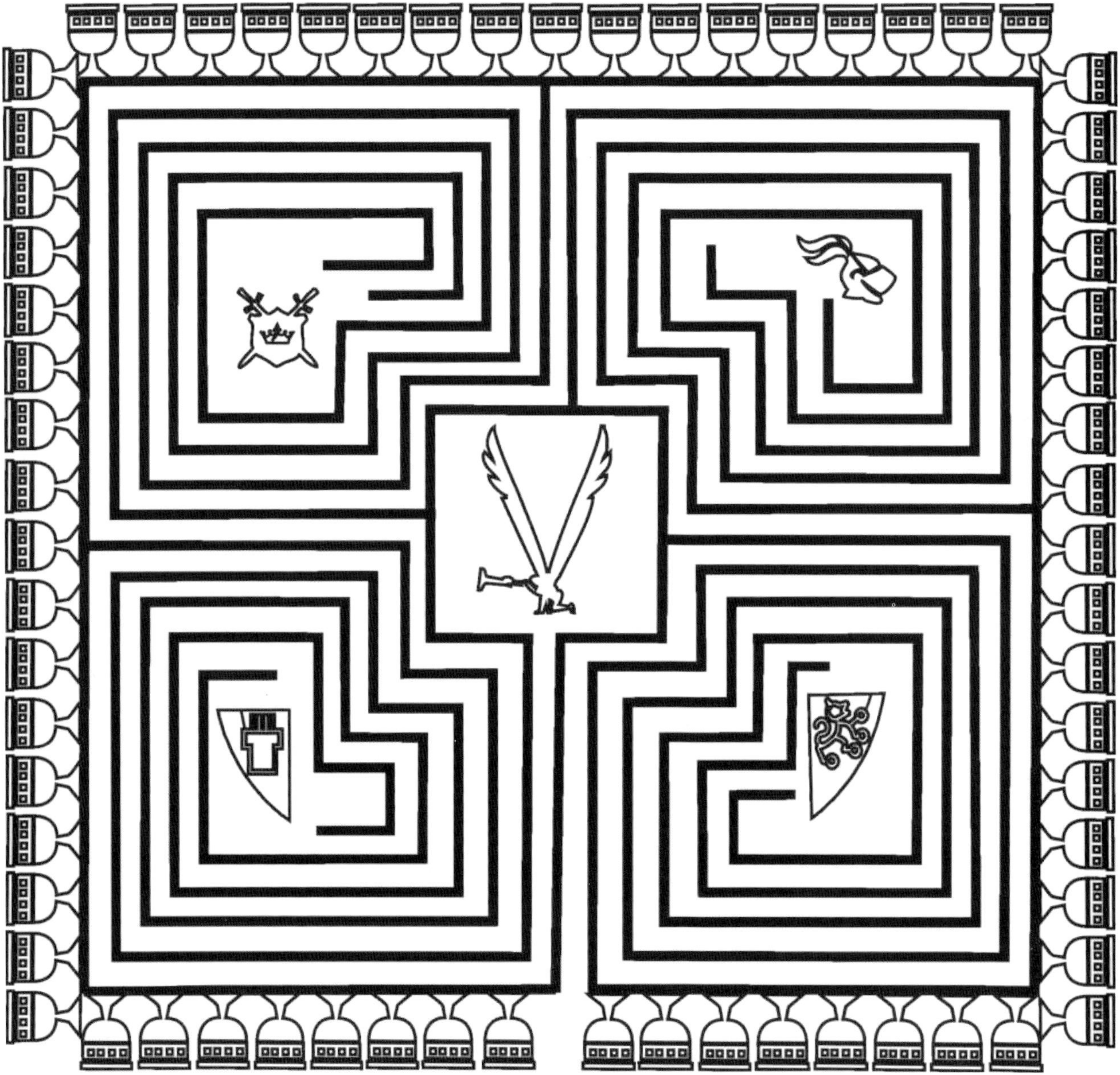

LABIRINTO DO INFINITO

Esse é o símbolo do infinito, que traz consigo a consciência de nossas ações, que repercutem como ondulações da pedra atirada no lago, representando também o equilíbrio, o ritmo, a respiração e a circulação.
Visualize-se no centro, observe quantas transformações e libertações foram efetuadas na jornada através dos aprendizados infinitos da vida.
Quando aceitamos de bom grado, conscientes desse grande privilégio, fazemos as transformações necessárias, mas é preciso demonstrar força de vontade, generosidade, merecimento e compaixão.
Prepare uma afirmação que o impulsione a realizar todos os desejos, que deve ser construída como se já fosse uma realidade: *Eu sou_______ e me aceito. Eu sou _______*. Mantenha a intenção além do agradecimento diário, pois esse é o fluxo do grande ensinamento: dar e receber. Esse é o tesouro que sempre permanecerá com você.

LABIRINTO EXCALIBUR

Conta a lenda que Uther Pendragon, antigo rei da Inglaterra, estava sendo perseguido por inimigos, que lhe armaram uma emboscada. Antes de morrer, Pendragon fincou a sua espada mágica numa pedra e disse que o próximo rei seria quem a retirasse dessa pedra. Para satisfazer suas vontades de se transformarem em rei, todos os grandes guerreiros passaram a organizar torneios anuais em que o vencedor receberia a chance de tentar retirar a espada mágica da rocha. Arthur, nessa época, era criado por Ectório. Numa dessas batalhas, Arthur retirou a espada da pedra mágica e levou-a a seu pai. Nesse momento, alguns se ajoelharam diante do novo rei.

Com força de vontade e determinação, podemos adentrar um novo reino, que está baseado na gratidão, na generosidade, no merecimento e na compaixão. Assim é o reinado de Arthur. Somente quem confia de verdade em seu vínculo com o universo é digno de ser chamado de rei.

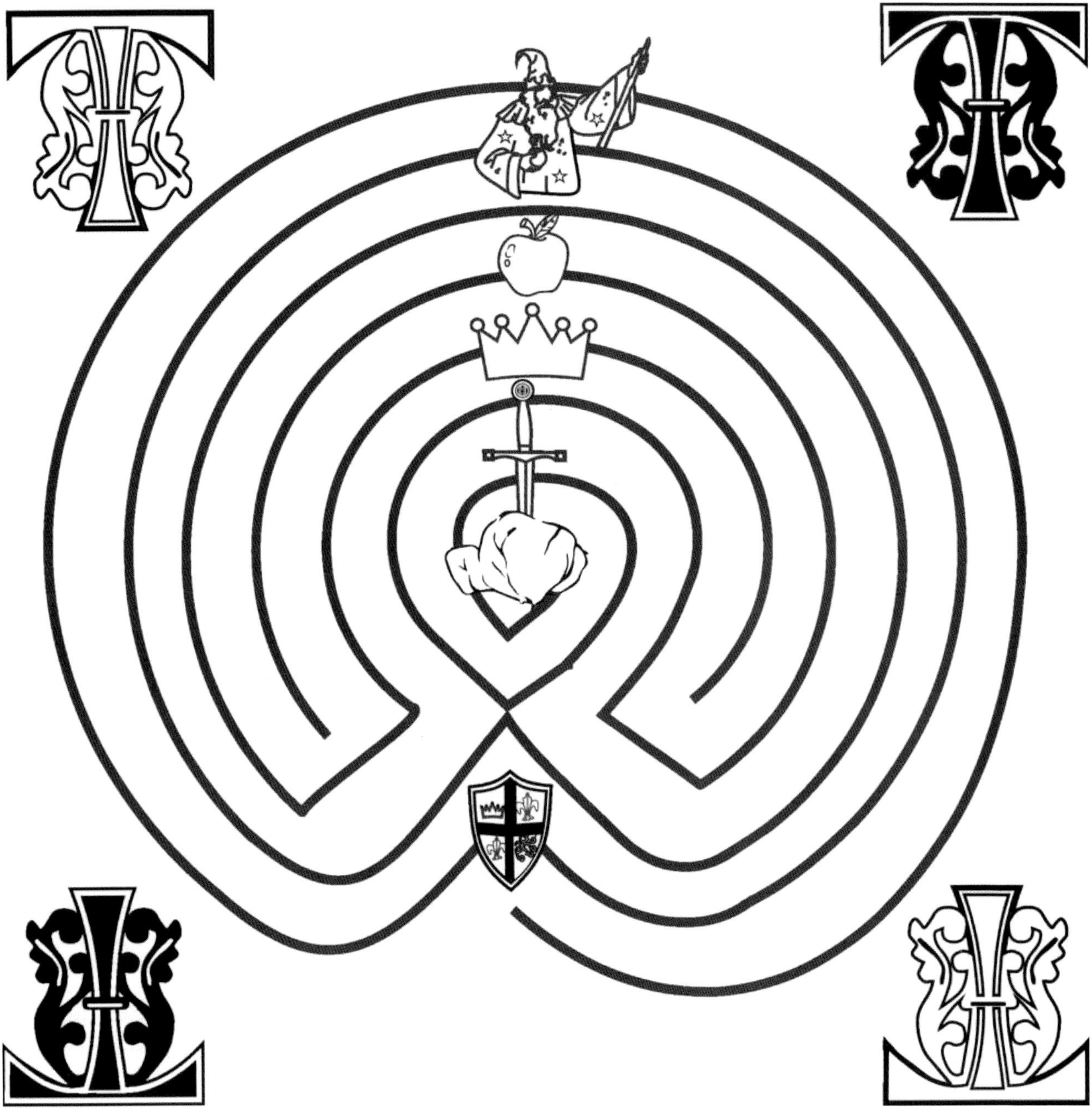

LABIRINTO DO MONASTÉRIO DE CHÂLONS-SUR-MARNE

Nas ruínas do Monastério de Châlons (França), destruído em 1544, foram encontrados numerosos ladrilhos de vidro no solo. Entre as imagens, um fascinante mandala labiríntico com quatro labirintos cretenses que formam uma flor rodeada por oito grifos.

Reflexão. Oito grifos rodeiam uma flor labiríntica. Apesar de serem dragões alados, não provocam medo, assim como os caminhos entrelaçados não causam um efeito de desconcerto, mas de harmonia.

Os heróis empreendem jornadas, enfrentam dragões, salvam pessoas e descobrem o tesouro do seu verdadeiro Si Mesmo. Embora possam se sentir muito sós durante a busca, no final experimentam um profundo sentimento de comunhão: consigo mesmos, com as outras pessoas e com a Terra. Cada vez que enfrentamos a morte em vida, nos deparamos com um dragão. Se escolhemos a vida em vez da não vida, mergulhamos mais profundamente na descoberta de quem somos e derrotamos o dragão, inundamos o mundo de luz, fazemos a obra da divindade. Infundimos, assim, vida nova em nós mesmos e na nossa cultura. Mudamos o mundo.

LABIRINTO DANÇA

Nós nos movimentamos na dança de forma harmônica. Podemos fazer o mesmo em nossas vidas todos os dias.

Dançando podemos melhorar e enriquecer nossas vidas – física, mental, emocional e espiritual – com as pessoas com as quais temos contato. Aprendemos a nos comunicar de forma mais profunda e com mais sentido.

Adentre o labirinto com leveza, que significa sentir o coração. Deixe que ele se expresse. Liberte o corpo, libere o coração, para que possa experimentar o poder de amar.

LABIRINTO
SAGA DO HERÓI

Devemos viver dignamente a jornada do herói. Sempre que seguimos esse chamado da alma, que buscamos o preenchimento, que saímos em busca do lugar onde nos sentimos inteiros, estamos tomando o caminho dos heróis. Mesmo que a escolha não pareça certa ou a mais feliz, seguir o chamado é a atitude correta a tomar. Senão, corremos o risco de um dia, em uma daquelas crises de maturidade, descobrir que encostamos nossa escada na parede errada.

O Reino do Labirinto é real, mas para adentrá-lo é necessário fazer uma viagem desconhecida. A primeira etapa é levar consigo o fogo para iluminar a jornada. Com a mente focada no centro, na meta, lembre-se de que você é merecedor das conquistas: o brasão, a estrela, a flor de lótus e, finalmente, o Santo Graal. Conecte-se com seu coração, assim você estará ligado ao grande coração cósmico cuja energia é puro amor.

LABIRINTO ESPIRAL ESTRELA

Entre nessa estrela, vá até o centro e volte, seguindo o momento natural de todas as formas e existências. Dirija-se até o centro, mas retorne deixando toda necessidade de perfeição, apego e controle.

As recompensas chegarão após a mudança de conduta para o novo aprendizado. Ser próspero é ser generoso com a própria alma, plantando novas sementes repletas de fartura. O grande aprendizado será que uma colheita abundante é repleta de muito amor, a nós e a todos de nosso entorno.

LABIRINTO
CATEDRAL DE AMIENS

Em 1977 foi construído um labirinto na Catedral de Colônia, na Alemanha, em um local pouco usual: no percurso de acesso à cripta. O labirinto também é um símbolo de morte e renascimento.

Estamos sempre em busca de algo que reconforte nossa alma: a cura, a felicidade, a casa própria, o companheiro ideal, mas a principal busca está dentro de nós mesmos, no espaço reservado no mais profundo de nossos sonhos. O nosso sagrado interior é um reflexo do sagrado exterior e vice-versa. É na cura de nossas raízes ancestrais que encontraremos a harmonia e o novo direcionamento. O caminhar firme sobre as profundas e próprias raízes é proclamar a independência, a liberdade e a generosidade. É uma forma de remover as lembranças passadas de nossa memória para um nível superior de compreensão.

Antes de adentrar o labirinto, procure formular uma questão sobre como se pode fazer a morte e o renascimento de uma situação de forma totalmente renovada.

LABIRINTO
CAMINHO DAS FLORES

No Caminho das Flores aprendemos que a raiz gera o tronco, que gera os ramos, que geram as flores de cinco pétalas, o número da expansão.
O desabrochar de um aglomerado de pétalas significa a sequência da vida, a alegria e o sorriso das pessoas. Adentre esse labirinto com o coração aberto, com o desejo de distribuir flores para as pessoas de seu entorno. Adentre visualizando a paz para a humanidade e para o planeta. Faça a expansão do seu ser. Essa é a viagem pela espiral da vida, que se curva para dentro, ao ponto central: seu coração.

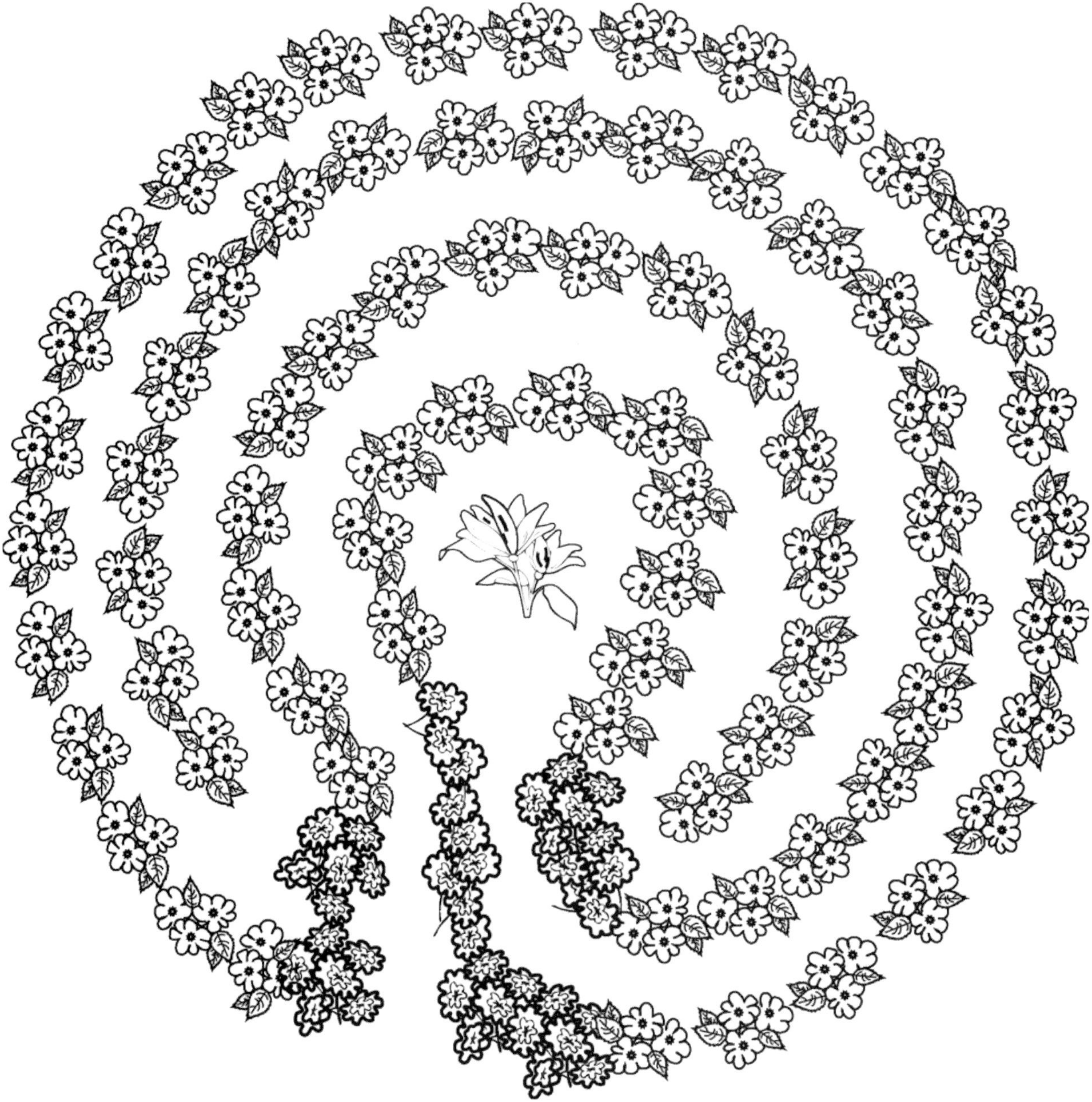

LABIRINTO
ÁRVORE YIN YANG

Da semente cresce uma raiz, depois um broto, as folhas, os ramos e, acima de tudo, a flor. As potencialidades do solo deram as forças da vida.

Essa é a sabedoria do princípio feminino da vida, que está operando em nossa existência.

Ao adentrar o labirinto, deixe que a fertilidade e a abundância da terra cheguem até você. Permita que a criatividade flua através dos seus pensamentos e sentimentos. Sinta o chamado da natureza. Em serena meditação, reflita: o que estou criando? O que está crescendo em mim? O que está florescendo em minha vida? Que experiências estou vivendo?

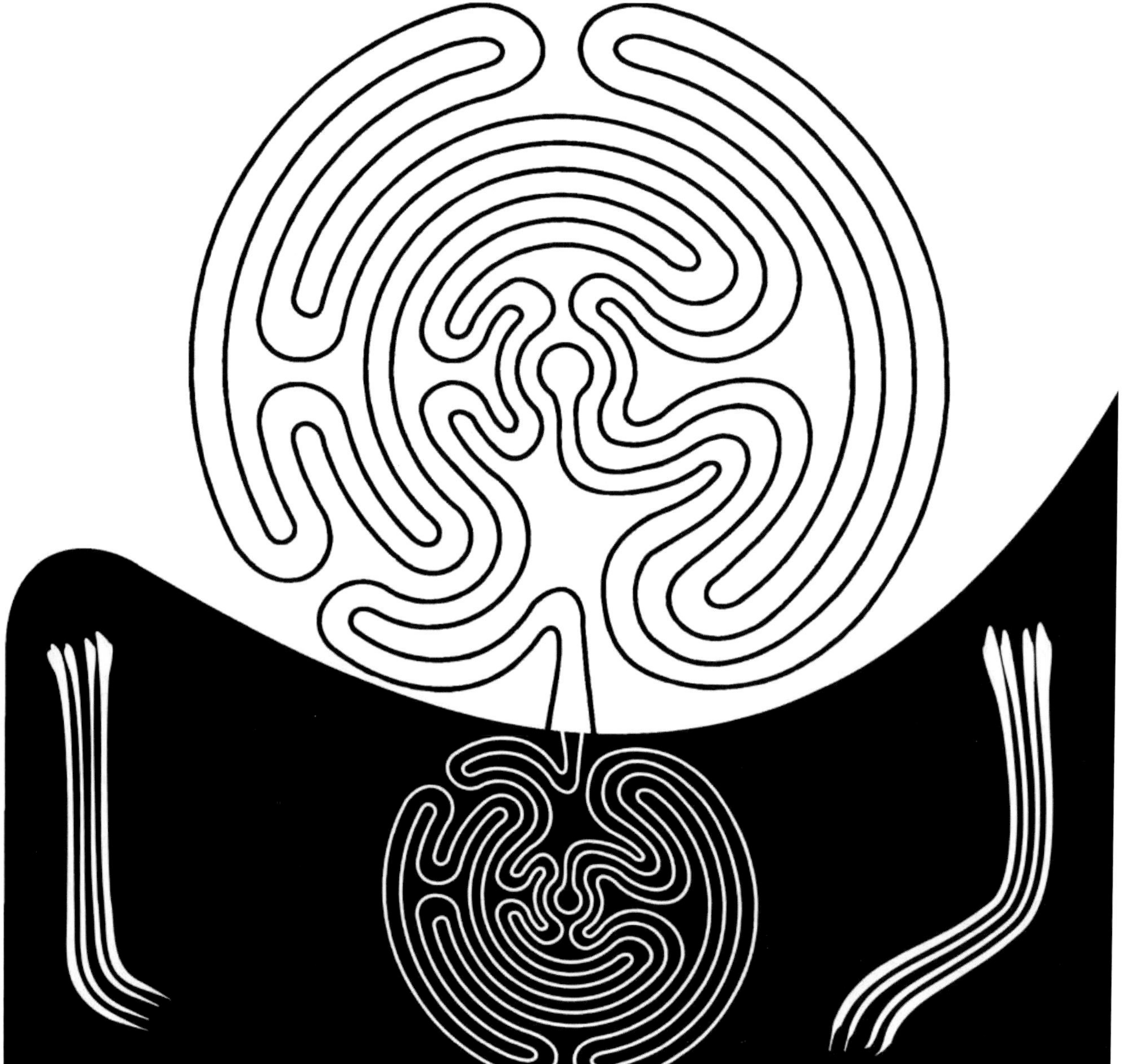

LABIRINTO
DANÇA DE SHIVA

Existe um momento em que é necessário encontrar a descontração, o relaxamento, a alegria.

No labirinto, Shiva está participando de uma dança a fim de expressar a maravilhosa energia que se sente através dela. É por meio do som que Shiva marca o ritmo do universo. Ele nos guia gentilmente para esse momento de abertura psíquica, criatividade e liberação.

A abertura do labirinto está próximo da cabeça de Shiva. Siga a trilha, libertando todos os pensamentos, sentindo a energia se expandir. Solte toda a racionalidade e deixe-se levar, liberando a energia aprisionada em seu corpo para que a cura espiritual, mental, emocional e física se realize através do movimento interno. Permita-se entrar em comunhão física com a liberdade.

Deixe que a leveza do universo, da música, do som e do movimento leve você até o centro. Ali o Tridente (Trishula) aguarda você, simbolizando o controle da violência, dos instintos e, principalmente, o reencontro com a própria essência.

LABIRINTO
RELEITURA HAMPTON COURT

O Labirinto Hampton Court foi plantado pelos arquitetos paisagistas George London e Henry Wise entre 1689 e 1695, para o rei Guilherme III da Inglaterra. O labirinto é um símbolo, sinal de uma linguagem oculta – podemos deixar que nos fale, que nos leve a novos significados de nossa vida.

É importante que estejamos abertos a abraçar a dualidade da vida. A chave da felicidade é a própria coragem investida em realmente ser feliz. Enquanto percorrer esse labirinto, deixe que a sensação de liberdade o atinja. Reflita no centro da imagem, no jardim alquímico, em quanto você está preparado para reverter o quadro de aprisionamento. Ande pelo lado direito, volte ao centro e, posteriormente, ande pelo lado esquerdo – perceba que a chave do tesouro está em seu coração, centro e controle das emoções.

LABIRINTO JARDIM

Abra as asas e voe o mais alto que puder. Consegue sentir a beleza do jardim? **Reflexão**. O que temos feito por nós, por nossa vida, pelo nosso trabalho, por nossa felicidade? Vamos adentrar um novo labirinto? É necessário mais do que esforço para ser feliz. Controle seus estados emocionais através da jornada e aproveite para se reinventar e conhecer a si mesmo; viva mais, ampliando sua qualidade de vida. Você tem a oportunidade de construir um novo cenário para sua vida.

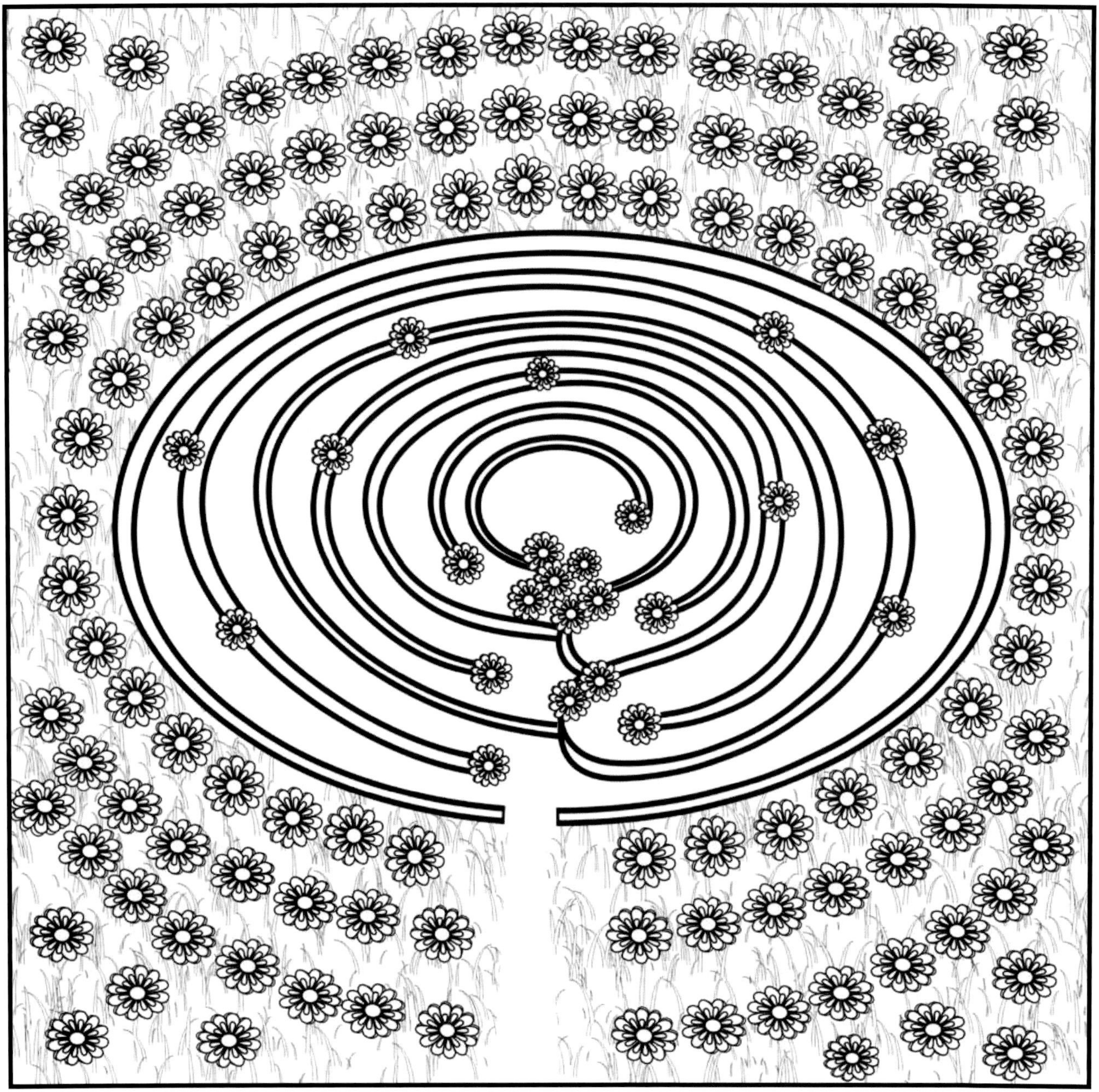

LABIRINTO JERICÓ

Esse labirinto pertence à Bíblia Farhi, um testamento hebraico do século XIV escrito na Espanha e conservado atualmente em uma biblioteca privada em Jerusalém. As muralhas de Jericó aparecem representadas como um labirinto. Esse é um grande projeto arquitetônico, livre de qualquer tropeço e impedimentos.

A entrada inicia-se na ponte. Pare por um momento e reflita sobre quantas emoções é necessário transpor – as emoções são nossas águas mais profundas. Os portais se abrirão se mantivermos a perseverança na certeza da vitória em superar os obstáculos. Siga o fluxo.

No labirinto existem várias casas e estalagens. Aproveite esses abrigos no caminho. Entre, medite, observe e faça uma revisão de projetos inacabados e coisas que estão por fazer. Não se demore muito em cada lugar, pois a jornada é extensa e você precisa seguir adiante.

LABIRINTO
FRANCE DE RONCHIN

Atraímos para nossa vida as coisas pensadas com maior frequência e com maior força, as coisas que desejamos com mais ardor e que mais vividamente imaginamos. Porém, quando estamos pessimistas, receosos, inseguros e preocupados, tendemos a atrair esses mesmos acontecimentos, situações ou pessoas que procuramos evitar.

Portanto, ao adentrar esse labirinto, não se preocupe em se perder. Liberte a mente racional, emanando afetividade, liberdade, abrindo as ínfimas fechaduras de 12 voltas que criaram a ilusão de segurança. O objetivo é atingir o equilíbrio em movimento.

Eu sou livre é o mantra que o acompanhará.

LABIRINTO PENTAGRAMA WICCA

Existem dois tipos de labirintos: um para "perder-se" e outro para "encontrar-se", que nos propõem um caminho mais simples. Esse caminho nos levará ao nosso centro, o santo *sanctorum* de nosso corpo: o coração.
Quando você se escutou pela última vez? O espelho da alma é revelador. Todos os segredos são desvendados quando enfrentamos os esconderijos de nossa própria alma.
No Labirinto Pentagrama Wicca temos um portal que pode nos levar a outras dimensões. Veja-se ao lado da lua cheia, para que ela possa lhe mostrar os sinais do caminho.
Somos portadores de todas as energias existentes sobre a face da Terra e de todo o universo, mas por que algumas situações se repetem? Toda situação repetitiva e indesejada em nossas vidas é um padrão do cérebro em desuso. A cura do pensamento está na capacidade de silenciar a voz, reeducando a capacidade de observação. Observe os ciclos lunares, entenda que o movimento celeste é dinâmico, tudo está em movimento harmonioso. Confie em sua estrela.

LABIRINTO
PRIMAVERA DA FINLÂNDIA

A chave da liberdade é a coragem investida em realmente ser feliz. Presos em tanta opressão, os olhares se limitam a pequenos castelos, forjando a ilusão da segurança.

Reverter esse quadro é modificar os padrões pela ação livre, que é atingida pelo equilíbrio em movimento.

Adentre o labirinto meditando: Eu sou livre porque amo; Eu sou livre porque compreendo; Eu sou livre porque estou em paz; Eu sou livre porque sou calmo; Eu sou livre porque acredito; Eu sou livre porque sou sincero...

Troque sua fechadura pensando em sua liberdade, pois a chave está no centro do seu coração.

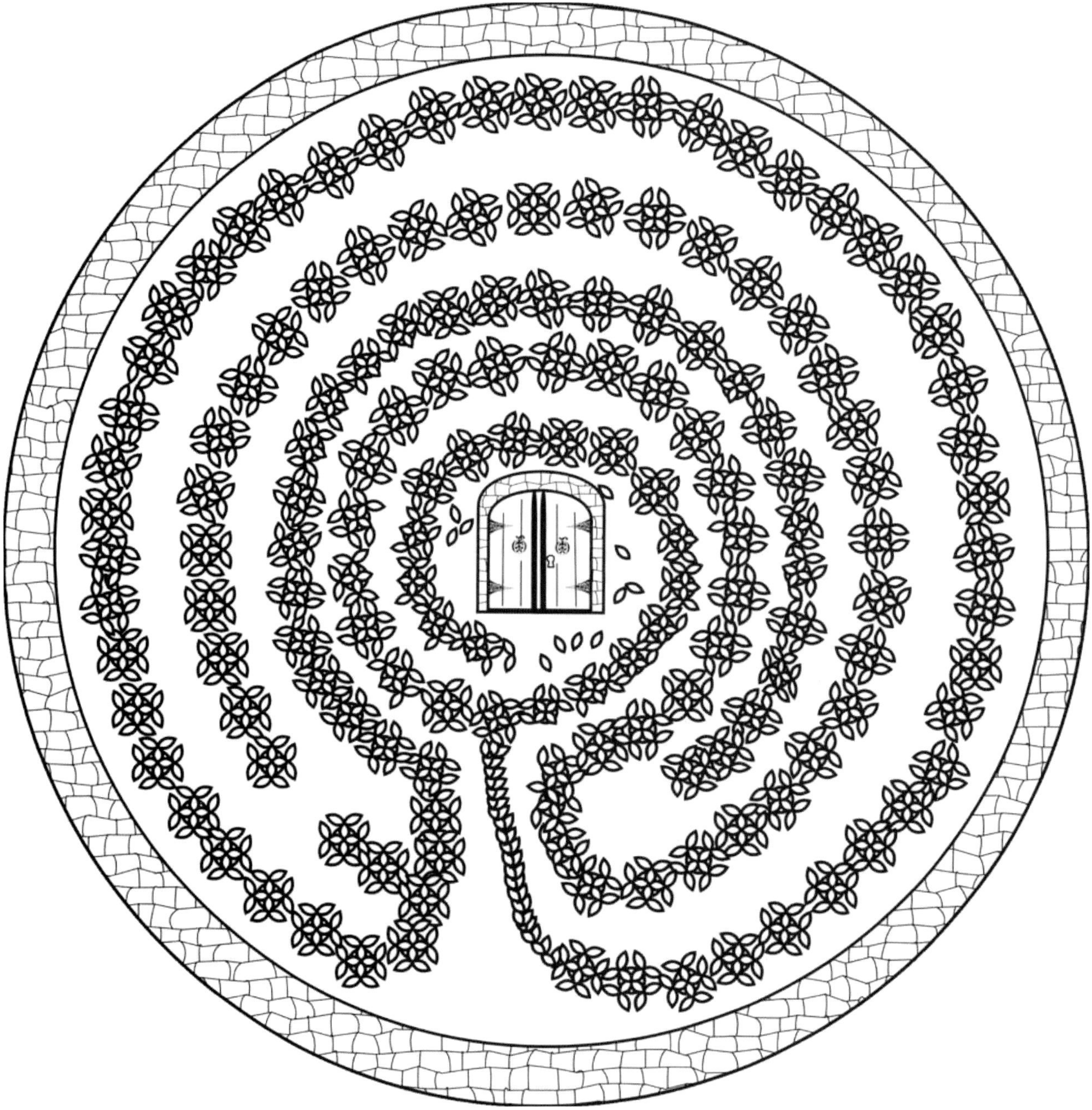

LABIRINTO DO EGITO

Com disposição para fazer a iniciação de morte e renascimento, medite na porta do labirinto com uma frase que o acompanhará durante o percurso.
Concentre-se para chegar à primeira sala, representação do mundo primordial. O que foi construído até o momento?
Em direção à segunda sala, há a oportunidade sagrada do encontro com o deus Thoth, deus da sabedoria. Qual é a minha meta?
Com força, fé e coragem, a jornada continua em direção à terceira sala, da serpente, manifestação da energia criadora, de proteção, de fidelidade de princípios. Do que necessito?
Finalizando na quarta sala, encontra-se o mago, que representa o mundo das possibilidades. O que realmente me importa?
Após passar por um caminho iniciático, o centro surge com o Olho de Hórus, a proteção e o poder divino. Não é mais necessário perguntar, mas afirmar: permito me ser feliz.

LABIRINTO FLOR DE LÓTUS

A natureza está viva. Em um abrir e fechar de olhos pode-se descobrir diversos mundos e reinos, que podem mudar nosso ponto de vista para sempre. Nem sempre encontraremos só ervas e flores nos prados, rochas nas montanhas, águas nos mares e nos rios. Tudo está animado. Em todas as partes vibra a vida.

Abra o coração e permita que a vontade se manifeste em poder, querer e ser uma pessoa melhor. Você é peça única na esperança da conquista da plena felicidade da vida, da paz e do amor. Celebre a vida!

LABIRINTO SER HUMANO

A imagem do ser humano como labirinto foi criada no século XVI pelo arquiteto Francesco Segale, de Pádua. A entrada se encontra no cabelo e a saída está na zona dos genitais.

Recorde os próprios caminhos errôneos, longos ou curtos, que você percorreu ao longo de sua vida. No final, todos passaram pelo coração, que é a nossa chave-mestra. De forma amorosa, percorra novamente o seu labirinto e perceberá uma harmonia renovada.

Matrix Editora
atendimento@matrixeditora.com.br
www.matrixeditora.com.br

Diretor editorial
Paulo Tadeu

Design
Daniela Vasques

Revisão
Silvia Parollo
Adriana Wrege

Dados Internacionais de Catalogação na Publicação (CIP)
SINDICATO NACIONAL DOS EDITORES DE LIVROS, RJ.

Valletta, Marinice
Labirintos: caminhos para a liberdade da consciência / Marinice Valletta, Helena Gerenstadt ; ilustração Marinice Valletta. - 1. ed. - São Paulo : Matrix, 2014.
40 p. : il. ; 18 cm.

ISBN 978-85-8230-136-4

1. Ciências ocultas. I. Gerenstadt, Helena. II. Valletta, Marinice. III. Título.
14-11417 CDD: 133
CDU: 133